Salvo Spedale

COME ABBINARE CIBO E VINO

Manuale pratico per imparare passo passo
le tecniche di abbinamento cibo-vino

Assovini

PRESENTAZIONE

L'affascinante viaggio verso il perfetto abbinamento tra il cibo e il vino inizia dalla scoperta dei profumi e dei sapori tipici di territori dove solo in quei luoghi riescono ad esprimere il massimo piacere gustativo.

Piatti semplici o raffinati trovano nel vino il compagno ideale, capace di esaltare al meglio le loro doti e, a volte, di far risaltare una qualità nascosta o smorzarne i toni più accesi.

L'abbinamento tra il cibo e il vino, argomento di acceso confronto tra illustri enogastronomi, è tra i preferiti di persone di ogni ceto; se ne parlaovunque: nei salotti alla moda, nei forum dei siti web, nelle trasmissioni televisive e sulle pagine di quotidiani e riviste di ogni ordine e grado.

Magica simbiosi tra i sapori del cibo e del vino, l'abbinamento non può essere trattato con superficialità e nemmeno ridotto a un mero elenco di piatti e di vini, proposto solo sull'esperienza o sull'improvvisazione del momento, con il desiderio di stupire.
Al contrario, deve essere il frutto di degustazioni e assaggi ripetuti e incrociati in ogni variante, fino all'applicazione di una tecnica precisa per valutarne l'armonia.

Semplice e lineare, questo manuale fornisce gli strumenti per accedere nel mondo dell'abbinamento cibo-vino dalla porta principale, interpretando le sensazioni e parlarne con un linguaggio sintetico ma esauriente ed efficace. Sarà l'esperienza personale, la passione e l'approfondimento che permetterà di diventare degustatori esperti e competenti.

Salvo Spedale
Presidente di Assovini
Direttore del Panel Assovini Sommelier
Sommelier AIS (Associazione Italiana Sommelier)

ASSOVINI (Associazione Nazionale Produttori Vinicoli e Turismo del Vino)
www.assovini.it - Il Portale del Vino e delle Cantine
www.assovini.com - Il 1° E-commerce didattico del Vino

Assovini.it

INDICE

ANALISI SENSORIALE DEL CIBO

- **Esame visivo - Introduzione**
  - Aspetto
  - Presentazione

- **Esame olfattivo - Introduzione**
  - Franchezza
  - Armonia olfattiva
  - Qualità olfattiva

- **Esame gusto olfattivo - Introduzione**
  - Grado di percettibilità
  - Sensazioni di percettibilità
  - Struttura

- **Equilibrio gusto olfattivo**

- **Armonia complessiva**

ANALISI SENSORIALE DEL VINO

- **Esame olfattivo**

- **Persistenza gusto olfattiva**

- **Esame gusto olfattivo**

METODO AIS DI ABBINAMENTO CIBO-VINO

- **Principio della contrapposizione**

- **Principio della concordanza**

- **Esempi di abbinamento tecnico cibo-vino**

Assovini.it

ANALISI SENSORIALE DEL CIBO

L'analisi sensoriale del cibo ai fini dell'abbinamento cibo-vino, analogamente a quella del vino, è articolata in tre fasi che consistono nell'esame visivo, olfattivo e gustativo.

ESAME VISIVO - INTRODUZIONE

Innanzitutto non è da trascurare l'effetto psicologico che la visione di un alimento/preparazione può determinare in chi si appresta a consumare un cibo, poiché lo può stimolare sia a livello mentale che fisiologico.
L'osservazione del piatto preparato permette inoltre di valutarne lo stato d'integrità dal punto di vista igienico-alimentare.
Attraverso l'esame visivo ci si propone di valutare l'aspetto e la presentazione dell'alimento/preparazione per esprimere un giudizio adeguato.

1. ASPETTO

Si riferisce in particolare al suo stato di integrità e di freschezza.

- **Poco gradevole.** Quando le sue caratteristiche esteriori si discostano in modo significativo da quelle che rispecchiano un suo ottimale stato di freschezza, spesso corrispondente anche alle sue migliori caratteristiche organolettiche.

- **Accettabile.** Quando le sue caratteristiche esteriori non si discostano molto da quelle che rispecchiano un suo ottimale stato di freschezza ed integrità.

- **Invitante.** Quando le sue caratteristiche esteriori corrispondono a quelle del suo migliore stato di freschezza ed integrità alimentare.

Assovini.it

2. PRESENTAZIONE

Rappresenta il principio sul quale si basa la filosofia di un certo tipo di cucina. Una bella presentazione valorizza qualunque preparazione.

- **Poco gradevole**. Quando la disposizione dei diversi componenti nel piatto si presenta disordinata, casuale, senza alcuna particolare attenzione rispetto alla combinazione cromatica o a possibili forme particolari.

- **Accettabile**. Quando la disposizione dei diversi componenti nel piatto si presenta ordinata, e non casuale, ma senza alcuna attenzione alla combinazione cromatica o a possibili forme particolari.

- **Invitante**. Quando la disposizione dei diversi componenti nel piatto si presenta ordinata ed è evidente una certa cura nella combinazione cromatica e nella geometria della loro disposizione.

ESAME OLFATTIVO

L'esame viene realizzato attraverso una precisa valutazione dei profumi che si possono percepire nel momento in cui il piatto viene servito.
E' quindi importante che i profumi della preparazione siano percepiti in "modo confrontabile" con quelli del vino in abbinamento, affinché non si verifichi una prevalenza di alcune caratteristiche dell'uno rispetto a quelle dell'altra o viceversa.

La temperatura di servizio di un alimento/preparazione è fondamentale per la sua valutazione sotto il profilo olfattivo, poichè in un cibo freddo le molecole responsabili dei profumi hanno minore possibilità di volatilizzare e quindi di "impressionare" le cellule della mucosa olfattiva. Attraverso l'esame olfattivo ci si propone di valutare, in particolare, la franchezza, l'armonia olfattiva e la qualità olfattiva dell'alimento/preparazione.

Assovini.it

1. FRANCHEZZA

Rappresenta l'insieme delle caratteristiche olfattive proprie del cibo in degustazione, che permette di riconoscere la tipicità del prodotto, ovvero le proprietà organolettiche dello stesso.

- **Poco gradevole.** Quando le sensazioni olfattive risultano appiattite e non spiccatamente caratteristiche del prodotto in esame.

- **Accettabile.** Quando è possibile riconoscere ciò che stiamo degustando anche se le sensazioni olfattive non risultano spiccatamente caratteristiche del prodotto in esame.

- **Invitante.** Quando è possibile riconoscere in modo netto e definito ciò che stiamo degustando, poiché le sensazioni olfattive risultano decise e inconfondibili, spiccatamente caratteristiche del prodotto in esame.

2. ARMONIA OLFATTIVA

Rappresenta la perfetta fusione dei profumi di una preparazione, espressi in un proporzionato equilibrio, senza alcuna stonatura e senza che nessuno di essi prevalga sull'altro in modo dominante.

- **Poco gradevole.** Quando l'insieme dei profumi non è amalgamato e presenta evidenti stonature dovute alla predominanza di uno o qualcuno di essi.

- **Accettabile.** Quando l'insieme dei profumi è discretamente amalgamato, senza una netta e decisa predominanza di uno o qualcuno di essi, ma la combinazione risulta abbastanza piacevole.

- **Invitante.** Quando l'insieme dei profumi è perfettamente amalgamato, senza che nessuno di essi predomini sugli altri.

3. QUALITA' OLFATTIVA

Rappresenta la sintesi del giudizio espresso in funzione delle caratteristiche olfattive di un alimento/preparazione ed è la risultante delle singole valutazioni relative soprattutto alla franchezza e/o armonia. Rappresenta un aspetto piuttosto soggettivo della degustazione del cibo.

- **Poco gradevole.** Quando il profumo dell'alimento/preparazione risulta scadente o mediocre. La franchezza è spesso mascherata oppure c'è dispersione dei profumi presenti originariamente o un loro peggioramento dovuto ad una cattiva preparazione e/o conservazione.

- **Accettabile.** Quando il profumo dell'alimento/preparazione risulta sufficientemente fine e piacevole, con una propria adeguata franchezza se riferita al singolo alimento ed a una discreta armonia nella quale ogni profumo può essere distintamente percepito in modo gradevole.

- **Invitante.** Quando il profumo dell'alimento/preparazione risulta equilibrato e franco, ricco di sentori perfettamente amalgamati, in grado di impressionare molto favorevolmente il nostro olfatto.

ESAME GUSTO-OLFATTIVO

Rappresenta il momento più importante di tutta la degustazione del cibo, fondamentale nell'indirizzare verso la scelta del vino più adatto.

Attraverso l'esame gustativo ci si propone di valutare tutte le caratteristiche organolettiche. Queste sono determinate dai quattro sapori fondamentali (dolce, amaro, acido, salato), dai liquidi di cottura e dai condimenti eventualmente aggiunti (oli, grassi, erbe aromatiche, e spezie), oltre che dalla loro struttura.

Si devono quindi analizzare sensazioni gustative e gusto-olfattive come la sapidità, la tendenza amarognola, la tendenza acida, la dolcezza, la tendenza dolce, la speziatura, l'aromaticità e la persistenza gusto- olfattiva, oltre che sensazioni tattili come l'untuosità, la succulenza e la grassezza.

- Sapidità
- Tendenza amarognola
- Tendenza acida
- Dolcezza
- Speziatura
- Aromaticità
- Untuosità
- Succulenza
- Tendenza dolce
- Grassezza
- Persistenza gusto olfattiva

Assovini.it

GRADO DI PERCETTIBILITA'

- **Impercettibile (0-1-2).** Una sensazione gustativa o gusto-olfattiva viene definita impercettibile quando non si riesce a percepire in alcun modo, oppure se questa risulta appena accennata.

- **Poco percettibile (2-3-4).** Una sensazione gustativa o gusto- olfattiva viene definita poco percettibile quando si riesce ad identificarla e percepirla in modo riconoscibile, ma anche in questo caso, lo stimolo non è ben definito.

- **Abbastanza percettibile (4-5-6).** Una sensazione gustativa o gusto-olfattiva viene definita abbastanza percettibile quando si riesce ad identificarla e percepirla in modo sufficiente. E' una valutazione quantitativa e non un giudizio sulla gradevolezza.

- **Percettibile (6-7-8).** Una sensazione gustativa o gusto-olfattiva viene definita percettibile quando si riesce ad identificarla e percepirla in modo spiccato e lo stimolo risulta ben definito.

- **Molto percettibile (8-9-10).** Una sensazione gustativa o gusto- olfattiva viene definita molto percettibile quando si riesce ad identificarla e percepirla in modo spiccato ed è quella che permette di identificare un alimento o caratterizzare una preparazione più complessa.

Dopo aver valutato tutte le sensazioni elencate, è possibile esprimere un giudizio sulla struttura dell'alimento/preparazione (Caratteristica di sintesi).

Solamente dopo aver analizzato ogni caratteristica gustativa e tattile della preparazione e averla valutata in funzione della sua percettibilità, sarà possibile esprimere un giudizio sul suo equilibrio gustativo, poiché ogni ingrediente deve integrarsi perfettamente con gli altri.

Al termine dell'esame gustativo, considerando la valutazione espressa per tutte le caratteristiche organolettiche analizzate durante le tre fasi dell'esame sensoriale, si potrà esprimere il giudizio finale sull'armonia complessiva dell'alimento/preparazione proposti.

Assovini.

SENSAZIONI GUSTO OLFATTIVE

SAPIDITA'. La sapidità è una delle quattro sensazioni gustative fondamentali, percepita in particolare dalle papille fungiformi presenti nelle zone latero-posteriori e dorsali della lingua. Il sapore fondamentale al quale ci si riferisce con il termine di sapidità e il "salato" e quindi è facile ricondurre la percettibilità di questa sensazione soprattutto alla presenza di sale o altri derivati del sale in alimenti/preparazioni.

Il sale può essere presente direttamente all'interno dell'alimento (ad es. Salumi come la coppa, lardo, pancetta salame; Formaggi come pecorino e grana nei quali la sapidità aumenta in modo direttamente proporzionale al tempo di stagionatura. Altri alimenti nei quali è percettibile la sensazione di sapidità sono pesci come l'aringa, baccalà, stoccafisso, nei quali è la particolare tecnica di preparazione che determina un incremento del contenuto del sale.

Il sale può essere inoltre aggiunto in quantità più o meno abbondante come condimento in diverse preparazioni.

La sapidità di una preparazione viene determinata, oltre che con il normale sale da cucina, anche con il glutammato monopodico (base dei comuni dadi).

TENDENZA AMAROGNOLA. La tendenza amarognola è una delle quattro sensazioni gustative fondamentali, percepita in particolare dalle papille caliciformi presenti nella zona posteriore della lingua.

E' necessario parlare di tendenza amarognola e non di sensazione amara perché è improbabile trovare un alimento/preparazione "veramente amaro", ed inoltre questa risulterebbe una caratteristica sgradevole e non renderebbe possibile alcun abbinamento armonico. La tendenza amarognola è caratteristica di tutte le preparazioni cotte alla griglia, siano esse a base di prodotti ittici, carni, formaggi e ortaggi, poiché questo tipo di cottura provoca la formazione di sostanze leggermente carbonizzate sulla superficie dell'alimento, responsabili di questa sensazione.

Anche un'eccessiva addizione di spezie ed erbe aromatiche, soprattutto, la cottura prolungata in presenza di queste, può determinare questa sensazione.

Bisogna ricordare che esistono alimenti che forniscono sensazioni di tendenza amarognola per le proprie qualità intrinseche. Fra questi, il radicchio di Treviso, il carciofo, la cicoria, gli spinaci crudi; alimenti di origine animale come il fegato, o preparazioni dolciarie come quelle a base di cioccolato fondente, in grado di determinare questa sensazione ad un livello apprezzabile di percettibilità.

TENDENZA ACIDA. La tendenza acida è una delle quattro sensazioni gustative fondamentali, percepita in particolare dalle papille fungiformi presenti nelle zone latero-anteriori della lingua e sub-linguali.

E' necessario parlare solo di tendenza acida e non di acidità vera e propria, perché questa risulterebbe una caratteristica troppo accentuata dell'alimento/preparazione, per permettere un abbinamento armonico.

Ed è per questo che alcuni alimenti/preparazioni, come gli agrumi o le insalate condite con abbondante aceto, non vengono proposti con alcun vino.

Quanto osservato finora porta anche a sconsigliare l'aggiunta indiscriminata di succo di limone su molte preparazioni, come a volte viene fatto con alcuni pesci,

carni e salumi, perché interferisce con i sapori originari del piatto.

Alimenti nei quali sia percettibile la sensazione di tendenza acida sono soprattutto quelli a base di salsa di pomodoro e quelli che hanno subito una marinatura in aceto o limone.

L'aceto in quantità abbondante è nemico del vino. C'è però un'eccezione, rappresentata dall'aceto balsamico tradizionale.

In questo particolare prodotto le note acide sono rese meno aggressive e quasi vellutate dalle componenti dolci, aromatiche e morbide che derivano dalla cura nella lavorazione e dal lungo invecchiamento. Ma anche l'abbinamento di preparazioni con aceto balsamico tradizionale non è dei più facili, perché richiede dei vini di buona struttura, maturi o invecchiati, dotati di una grande morbidezza e di un bouquet particolarmente complesso.

DOLCEZZA. La dolcezza è una delle quattro sensazioni gustative fondamentali, percepita in particolare dalle papille fungiformi presenti sulla punta della lingua.

La percezione di questa sensazione è determinata dalla presenza negli alimenti di zuccheri semplici, monosaccaridi come il fruttosio presente soprattutto nella frutta, il glucosio, il galattosio, oppure disaccaridi come il saccarosio, il normale zucchero utilizzato e il lattosio presente nel latte. E' una sensazione sempre legata a vere e proprie preparazioni dolciarie, come creme, budini, torte, pasticcini, biscotti, anche se il grado di percettibilità della loro dolcezza potrà essere molto diverso.

Ma oltre alla presenza effettiva di diverse quantità di zucchero, la percezione della sensazione di dolcezza viene condizionata dagli ingredienti presenti (ad es.: cacao, frutta, marmellata, crema utilizzati per la farcitura).

SPEZIATURA. La sensazione di speziatura è legata alla presenza nell'alimento/preparazione di spezie, che possono essere utilizzate sia singolarmente sia combinate fra loro, caratterizzandolo in modo decisamente riconoscibile.

Questa sensazione può essere a volte accompagnata da un sapore "piccante" più o meno accentuato, pungente, in alcuni casi quasi irritante per la mucosa orale, mentre in altri casi può sfumare nella sensazione di tendenza amarognola, in particolare se le spezie vengono sottoposte a lunghe cotture.

La sensazione di speziatura può essere quindi percepita in modo diverso a seconda del tipo e della quantità di spezie impiegate.

Alimenti caratterizzati da queste sensazioni speziate sono i salumi, come per es. lo speck, la coppa piacentina, la pancetta, la mortadella, il salame toscano e calabrese e alcuni formaggi stagionati, per i quali sono determinanti sia l'addizione di spezie durante le fasi di produzione sia la stagionatura.

Per quanto riguarda le preparazioni nelle quali è percettibile la sensazione di speziatura, possiamo ricordare primi piatti come il classico risotto alla milanese per la presenza dello zafferano, diversi secondi con salse a base di curry, preparazioni pepate in genere (filetto al pepe, salmì a base di selvaggina), fino ad arrivare a dolci (strudel, panforte).

AROMATICITA'. La sensazione di aromaticità è facilmente riconoscibile, poiché è legata alla presenza nell'alimento/preparazione soprattutto di erbe aromatiche, che possono essere utilizzate anche in combinazioni e proporzioni diverse fra loro.

La sensazione è in genere meno aggressiva, più delicata e gradevole di quella dovuta alla speziatura, ma può risultare altrettanto percettibile in funzione del tipo di

Assovini.

erba aromatica, del suo stato di conservazione, se fresco o essiccato e della quantità impiegata.

Tra gli alimenti possiamo ricordare alcuni formaggi (erborinati come il gorgonzola, pecorini stagionati), salumi (speck e altri affumicati, salame mantovano all'aglio, finocchiona toscana).

Le erbe aromatiche vengono addizionate in molte preparazioni (origano nella caprese, erba cipollina nell'insalata verde, basilico nel pesto, prezzemolo nella salsa verde, alloro negli arrosti, dragoncello per il filetto, timo per l'agnello al forno e aneto per il salmone).

Alcuni dessert offrono percettibili sensazioni di aromaticità per l'addizione di caffè, come per es. il tiramisù, oppure liquori come la crepe suzette.

UNTUOSITA'. L'untuosità è una sensazione tattile, percepita sulla lingua, sulla mucosa orale posta ai lati della bocca e sul palato.

Viene percepita con un senso di "scivolosità" in bocca, legata alla presenza di un componente oleoso e non acquoso e quindi con una diversa "consistenza".

L'untuosità di un cibo o di una preparazione viene determinata dalla presenza soprattutto di oli, grassi fluidi di origine vegetale, prodotti sia da olive sia da semi di tipo diverso.

Gli oli extravergine sono dotati di fluidità differenti e gli oli di semi, in genere, sono più fluidi di quelli di oliva. A parità di quantità di olio impiegato, si percepiscono quindi sensazioni diverse di untuosità.

Il livello di percettibilità dell'untuosità in preparazioni analoghe e a parità di altre condizioni, può variare in funzione anche solo di una piccola quantità di un altro ingrediente.

La sensazione di untuosità può essere percepita anche in preparazioni nelle quali grassi solidi presenti negli ingredienti, in seguito all'elevata temperatura di cottura, fondono e passano allo stato fluido (es. brasati, costine di maiale, cotechini).

SUCCULENZA. La succulenza è una sensazione tattile, percepita all'interno di tuta la cavità orale, legata alla presenza di liquidi in bocca. Si può innanzitutto parlare di succulenza intrinseca all'alimento/preparazione, dovuta alla presenza, all'interno degli stessi, di succhi che si liberano facilmente durante la masticazione (es.: carne cotta al sangue servita calda).

La succulenza è anche dovuta all'aggiunta di liquidi durante la preparazione o durante la cottura (es.: brasati, stracotti, spezzatini, zuppe di pesce e simili, nei quali la succulenza è dovuta al vino, alla salsa di pomodoro, al brodo o altro liquido nel quale l'alimento viene cotto per tempi anche molto lunghi).

La succulenza indotta è invece determinata da alimenti/preparazioni che provocano abbondante salivazione durante la masticazione e anche dopo la deglutizione. Gli alimenti/preparazioni responsabili di questo fenomeno non sono particolarmente ricchi di succhi interni ed hanno quindi "bisogno" che venga prodotta saliva, necessaria per la loro imbibizione e successiva deglutizione.

Tutti gli alimenti sono in grado di provocare succulenza indotta, seppur a livelli di percettibilità molto diversi.

Alcuni cibi che hanno subito una marinatura con vino, aceto o limone, sono caratterizzati da succulenza per aggiunta di liquidi, ma sono anche in grado di provocare succulenza indotta.

TENDENZA DOLCE. La tendenza dolce è una sensazione gustativa gradevolmente percepita in bocca, non confrontabile però con la netta e decisa percettibilità della sensazione di dolcezza. E' quindi una sensazione più sfumata e delicata, ma altrettanto riconoscibile.

Tra gli alimenti di origine vegetale che possono determinare una chiara sensazione di tendenza dolce ci sono le carote, zucca, alcuni tipi di cipolline che contengono piccole quantità di zuccheri semplici; alimenti a base di amido come cereali, riso, pasta, pane; legumi come piselli e fagioli; ortaggi come le patate.

Tra gli alimenti di origine animale in grado di fare percepire questa sensazione ci sono i crostacei, la carne equina, tutte le carni cotte al sangue e alcuni insaccati come la salsiccia e il prosciutto cotto (questi salumi contengono grasso che concorre spesso nell'accentuare la sensazione di tendenza dolce).

GRASSEZZA. La grassezza è una sensazione tattile soprattutto percepita sulla lingua, ma anche sulla mucosa orale posta ai lati della bocca e del palato. Questa sensazione viene percepita con un senso di "patinosità" sulla superficie della lingua e di "pastosità" in tutta la cavità orale.

La grassezza di un cibo/preparazione è dovuta alla presenza di grassi solidi quindi soprattutto di origine animale, come il lardo, i salumi, molti formaggi o il tuorlo d'uovo.

La grassezza di un cibo tende ad "impastare" la bocca e, a volte, in alimenti come zamponi e cotechini, a determinare quasi una sensazione di "collosità", dovuta però soprattutto alla presenza di tessuto connettivo (collagene).

La percettibilità della sensazione di grassezza dipende dalla quantità di grassi presente, dagli altri eventuali componenti della preparazione, e dalla struttura dell'alimento stesso.

Il burro è un grasso che a temperatura ambiente ha una consistenza solida e quindi dovrebbe determinare una netta sensazione di grassezza. Spesso viene impiegato allo stato fuso e assume quindi una propria decisa fluidità, avvertita in bocca soprattutto come untuosità.

I grassi solidi accentuano quasi sempre la sensazione di tendenza dolce.

PERSISTENZA GUSTO-OLFATTIVA. La persistenza gusto-olfattiva di un alimento/preparazione è una sensazione dovuta alla permanenza all'interno della cavità orale delle sensazioni gustative e tattili appena descritte, oltre che di quelle retronasali olfattive che si possono percepire dopo la deglutizione.

E' quindi una caratteristica sensoriale confrontabile con la **persistenza aromatica intensa (P.A.I.)** considerata durante la degustazione del vino. Ogni cibo è dotato di una propria persistenza gusto-olfattiva, a seconda dei diversi componenti presenti e del tipo di cottura applicato.

STRUTTURA

La struttura di un alimento/preparazione è determinata dalla sua composizione, dal tipo e dalla quantità (numero) degli ingredienti, che determinano una maggiore o minore complessità gustativa, oltrechè una diversa consistenza. Ad essa deve corrispondere una sensazione analoga determinata dal vino in abbinamento.

In base alla struttura un piatto può essere definito:

- **Poco strutturato**, se è stato preparato con un limitato numero di ingredienti, caratterizzati da sensazioni gustative poco accentuate, determinate eventualmente anche da cotture che non arricchiscono particolarmente la preparazione (riso in bianco condito con solo burro o olio extravergine, primi piatti conditi con sughi delicati a base di verdure, di molluschi o di crostacei, carni bianche senza alcuna salsa elaborata, pesci magri cotti a vapore o lessati serviti solo con olio extravergine, alcuni dolci a pasta lievitata come il pandoro o la torta paradiso).

- **Abbastanza strutturato**, se presenta una certa complessità gustativa, dovuta sia agli ingredienti utilizzati, sia al tipo di preparazione o di cottura alla quale è stato sottoposto (primi piatti conditi con sughi arricchiti dai profumi di erbe aromatiche, da panna, grana e burro salato, a secondi piatti come arrosti di carni bianche o rosse, pesci preparati al forno o serviti con salse semplici, a dessert come pasticcini, crostate di marmellata e di frutta, panettone e ciambelle casalinghe).

- **Strutturato**, se presenta una complessità gustativa ampia e articolata, dovuta ad ingredienti e condimenti come grassi e salse, nonché spezie ed erbe aromatiche, in grado di caratterizzare in modo determinante la preparazione, che presenta sapori decisi e diversificati (primi piatti come tortellini, agnolotti al ragù di carne, lasagne al forno, alcuni risotti come quello con la salsiccia, arrosti bardati con pancetta, spezzatini, brasati, lepre in salmì ed altre preparazioni a base di selvaggina, dessert a base di cioccolato o di pasta frolla con creme e farciture elaborate o altri come il panforte, il torrone e il croccante).

EQUILIBRIO GUSTATIVO

L'equilibrio gustativo di un alimento/preparazione viene determinato dall'insieme delle sensazioni percepite che dovrebbero risultare tali da non determinare alcune netta predominanza dell'una rispetto alle altre, tenendo sempre presenti le caratteristiche di ciascun prodotto e dei diversi ingredienti.

Analogamente a quanto considerato nell'analisi gustativa del vino, anche nei cibi possiamo ritrovare delle sensazioni gustative riconducibili al concetto di Morbidezza (grassezza e dolcezza) e di Durezza (sapidità e tendenza acida).
Anche in questo caso dovranno essere presenti in modo tale che nessuna sia così rilevante da sovrastare le altre.

In base all'equilibrio un alimento/preparazione può essere definito:

- **Poco equilibrato.** Nel caso in cui uno o più componenti o ingredienti risaltino in modo particolare e sgradevole durante la fase dell'esame gustativo.

- **Abbastanza equilibrato.** Nel caso in cui nessun componente o ingrediente risalti in modo eccessivo rispetto agli altri, anche se si percepisce una certa predominanza di uno di essi.

- **Equilibrato.** Nel caso in cui nessun componente o ingrediente risalti in modo particolare rispetto agli altri, creando quindi una giusta e gradevole proporzione tra le diverse sensazioni gustative percepite.

ARMONIA COMPLESSIVA

Vuol dire esprimere un giudizio che considera tutte le caratteristiche valutate durante l'esame visivo, olfattivo e gustativo, riassumendo tutto ciò che ci ha impressionato in senso positivo e negativo per poter valutare la globalità del cibo esaminato.

L'armonia complessiva rappresenta quindi la sintesi dell'analisi sensoriale e deve esprimere un accordo perfetto tra le diverse componenti, che devono essere in gradevole proporzione affinché si possa esprimere un giudizio positivo.

In base all'armonia complessiva un alimento/preparazione può essere definito:

- **Poco armonico.** Quando si riscontra una decisa discrepanza tra le componenti responsabili delle caratteristiche organolettiche, valutate soprattutto a livello olfattivo e gustativo, senza trascurare l'aspetto e la presentazione.

- **Abbastanza armonico.** Quando si riscontra qualche leggera imperfezione in una o più componenti responsabili delle caratteristiche organolettiche, valutate soprattutto a livello olfattivo e gustativo, senza trascurare l'aspetto e la presentazione.

- **Armonico.** Quando tutte le componenti responsabili delle caratteristiche organolettiche, valutate soprattutto a livello olfattivo e gustativo, si combinano in modo perfetto e anche l'aspetto e la presentazione risultano invitanti.

ANALISI SENSORIALE DEL VINO

INTRODUZIONE

L'analisi sensoriale del vino ai fini dell'abbinamento cibo-vino è il secondo passo che si deve compiere per essere in grado di realizzare un abbinamento armonico con un alimento/preparazione e per poter giudicare se quello proposto possa essere ritenuto valido o, al contrario, presenti la prevalenza di qualche caratteristica della vivanda o del vino. Non tutte le caratteristiche considerate nella degustazione del vino vengono, in questa fase, prese in considerazione: in questo caso una dettagliata descrizione del colore o una valutazione della finezza e della composizione del bouquet del vino appare superflua.
Le caratteristiche fondamentali da valutare durante l'esame gusto- olfattivo sono l'intensità olfattiva e la persistenza aromatica intensa (PAI), mentre durante l'esame gustativo è importante analizzare e quantificare la dolcezza, la morbidezza, l'alcolicità, la tannicità, l'effervescenza, la sapidità, l'acidità e la struttura o corpo del vino, poiché sono quelle direttamente coinvolte nel raggiungimento della migliore armonia tra preparazione e vino.
Ciascuna di esse dovrà, infatti, andare a contrapporsi o, a seconda dei casi, a porsi in concordanza, con ogni specifica caratteristica gustativa e gusto-olfattiva dell'alimento/preparazione, affinché l'abbinamento risulti perfettamente armonico.

ESAME OLFATTIVO

INTENSITÀ OLFATTIVA. Insieme di tutte le sensazioni odorose che si percepiscono nel vino, indipendentemente dalla loro diversa composizione, complessità ed evoluzione. E' un aspetto puramente "quantitativo" dei profumi del vino da abbinare.

- **Carente (0-2).** Si dice di un vino in cui si avvertono pochissime sensazioni odorose, quasi da non essere percepite.

- **Poco intenso (2-4).** Si dice di un vino in cui si avvertono scarse sensazioni odorose, poco percepibili all'olfatto.

- **Abbastanza intenso (4-6).** Si dice di un vino in cui le sensazioni odorose risultano discretamente percettibili, fini e delicate.

- **Intenso (6-8).** Si dice di un vino in cui le sensazioni odorose sono ben percettibili, spesso in modo pronunciato.

- **Molto intenso (8-10).** Si dice di un vino in cui le sensazioni odorose sono particolarmente percettibili, intense e avvolgenti.

Assovini.it

PERSISTENZA GUSTO OLFATTIVA

La permanenza delle sensazioni gustative, tattili e retro-nasali olfattive che, dopo la deglutizione, vengono avvertite dai nostri sensi nella loro complessità e totalità.

- **Corto.** Si dice di un vino in cui si avverte una persistenza gusto-olfattiva inferiore a 2 secondi.

- **Poco persistente.** Si dice di un vino in cui si avverte una persistenza gusto-olfattiva di 2-4 secondi.

- **Abbastanza persistente.** Si dice di un vino in cui si avverte una persistenza gusto-olfattiva di 4-6 secondi.

- **Persistente.** Si dice di un vino in cui si avverte una persistenza gusto-olfattiva di 6-8 secondi.
- **Molto persistente.** Si dice di un vino in cui si avverte una persistenza gusto-olfattiva superiore a 8 secondi.

ESAME GUSTO OLFATTIVO

Rappresenta la fase fondamentale dell'analisi sensoriale del vino ai fini dell'abbinamento.

EFFERVESCENZA. A livello gustativo influenza sia le sensazioni di durezza sia di morbidezza, in quanto tende ad accentuare le prime (acidità, sapidità e tannicità) e a smorzare le seconde (dolcezza, sensazione pseudocalorica e morbidezza).

In base all'effervescenza un vino può essere definito:

- **Fermo (0-2).** Si dice di un vino che non presenta alcuna effervescenza o la presenta a livello impercettibile.

- **Poco effervescente (2-4).** Si dice di un vino in cui l'effervescenza viene percepita in modo riconoscibile. Normalmente si tratta di vini vivaci.

- **Abbastanza effervescente (4-6).** Si dice di un vino in cui l'effervescenza viene percepita in modo "sufficiente". Normalmente si tratta di vini frizzanti.

- **Effervescente (6-8).** Si dice di un vino in cui l'effervescenza viene percepita in modo spiccato. Normalmente si tratta di vini spumanti.

- **Molto effervescente (8-10).** Si dice di un vino in cui l'effervescenza viene percepita in modo spiccato. Normalmente si tratta di vini spumanti nei quali l'anidride carbonica è presente in quantità superiore ai precedenti.

DOLCEZZA

La dolcezza è una sensazione gustativa che si può percepire in modo distinto sulla punta della lingua solo nei vini dotati di residuo zuccherino piuttosto elevato (generalmente negli spumanti dolci, passiti e in alcuni vini liquorosi).
Se la quantità di zucchero è molto ridotta, non si percepisce una vera e propria sensazione di dolcezza, tuttalpiù di morbidezza.

In base alla dolcezza un vino può essere definito:

- **Secco (0-2).** Si dice di un vino in cui non si percepisce la sensazione di dolcezza, con un residuo zuccherino compreso tra 1-5 grammi/litro, e che concorre a determinare una certa morbidezza.

- **Abboccato (2-4).** Si dice di un vino in cui si percepisce una leggerissima sensazione di dolcezza, con un residuo zuccherino normalmente compreso tra 10-20 grammi/litro.

- **Amabile (4-6).** Si dice di un vino in cui si percepisce chiaramente una sensazione di dolcezza, con un residuo zuccherino normalmente compreso tra 20-50 grammi/litro.

- **Dolce (6-8).** Si dice di un vino in cui si percepisce nettamente una sensazione di dolcezza, con un residuo zuccherino normalmente compreso tra 50-100 grammi/litro, oppure tra 100-160 grammi/litro in alcuni vini passiti e liquorosi.

- **Stucchevole (8-10).** Si dice di un vino in cui si percepisce una forte e predominante sensazione di dolcezza, non ben supportata dalle altre componenti e rappresenta quindi una situazione anomala.

ALCOLICITA'

Gli Alcoli presenti nel vino, in particolare l'alcol etilico, determinano una sensazione tattile all'interno della cavità orale in seguito alla loro azione vasodilatatoria e disidratante.
In conseguenza di questo fenomeno, viene percepita una sensazione più o meno percettibile di "pseudocalore", che si manifesta con un'apparente sensazione di "caldo e arsura" che si avverte su tutta la mucosa della bocca.

In base all'alcolicità un vino può essere definito:

- **Leggero (0-2).** Si dice di un vino in cui non si percepisce alcuna sensazione pseudocalorica a causa del basso titolo alcolometrico (4-7% vol).

- **Poco caldo (2-4).** Si dice di un vino in cui si percepisce una modesta sensazione pseudocalorica a causa del moderato titolo alcolometrico (7,5-10,5% vol).

- **Abbastanza caldo (4-6).** Si dice di un vino in cui si percepisce una piacevole sensazione pseudocalorica a causa del moderato titolo alcolometrico (11-12% vol).

- **Caldo (6-8).** Si dice di un vino in cui si percepisce una decisa sensazione pseudocalorica a causa dell'elevato titolo alcolometrico (12,5-14,5% vol).

- **Alcolico (8-10).** Si dice di un vino in cui si percepisce una forte e predominante sensazione pseudocalorica a causa del titolo alcolometrico particolarmente elevato (15-18% vol), soprattutto in alcuni vini come i passiti e i liquorosi.

MORBIDEZZA

La morbidezza è una piacevole sensazione tattile avvertita in tutta la cavità orale come "un'avvolgente rotondità", dovuta soprattutto alla presenza nel vino di glicerina (polialcol), ma anche di alcol etilico e di altri alcoli e polialcoli, eventuali zuccheri, gomme e mucillagini.

In base alla morbidezza un vino può essere definito:

- **Spigoloso (0-2).** Si dice di un vino in cui non si percepisce una netta mancanza di morbidezza. Il vino in bocca risulta sfuggente e lascia un senso di "spigolosità".

- **Poco morbido (2-4).** Si dice di un vino in cui si percepisce una scarsa sensazione di morbidezza. Normalmente si tratta di vini giovani o addirittura immaturi e poco strutturati.

- **Abbastanza morbido (4-6).** Si dice di un vino in cui si percepisce una piacevole sensazione di morbidezza. Normalmente si tratta di vini giovani, pronti e di media struttura.

- **Morbido (6-8).** Si dice di un vino in cui si percepisce una decisa sensazione di morbidezza. Normalmente si tratta di vini maturi e strutturati.

- **Pastoso (8-10).** Si dice di un vino in cui si percepisce una predominante, quasi eccessiva sensazione di morbidezza. Normalmente si tratta di grandi vini bianchi da dessert (appassimenti, sviluppo sulle uve della muffa nobile).

ACIDITA'

L'acidità è una sensazione gustativa dovuta alla presenza di acidi nel vino e può essere percepita a diversi livelli in funzione della loro quantità, tipologia e forza di penetrazione.
Viene percepita come una sensazione di "**freschezza**" più o meno accentuata nelle zone laterali della lingua e sublinguali, che si manifesta con salivazione fluida.

In base all'acidità un vino può essere definito:

- **Piatto (0-2).** Si dice di un vino che non lascia in bocca alcuna traccia di freschezza. Normalmente si tratta di vini vecchi o affetti da patologie.

- **Poco fresco (2-4).** Si dice di un vino in cui si percepisce una scarsa ma piacevole sensazione di acidità, che procura una leggerissima salivazione. Normalmente si tratta di vini maturi, più o meno invecchiati.

- **Abbastanza fresco (4-6).** Si dice di un vino in cui si percepisce una discreta e piacevole sensazione di acidità, che procura una buona salivazione. Normalmente si tratta di vini rossi giovani, bianchi e rosati meno giovani.

- **Fresco (6-8).** Si dice di un vino in cui si percepisce una decisa sensazione di acidità che procura un'abbondante salivazione. Normalmente si tratta di vini bianchi e rosati frizzanti e di spumanti secchi.

- **Acidulo (8-10).** Si dice di un vino in cui si percepisce una forte e predominante sensazione di acidità che procura un'abbondante e fluida salivazione. Normalmente si tratta di vini ottenuti da uve poco mature oppure dotati di forte acidità.

TANNICITA'

La tannicità o astringenza è una sensazione tattile di secchezza e rugosità che si percepisce a livello di tutta la mucosa orale e sulla superficie della lingua (zona mediale). Associata alla sensazione di astringenza, si può a volte percepire una vena amarognola, che può permanere più o meno a lungo in bocca a seconda della tipologia di vino in esame.

In base alla tannicità un vino può essere definito:

- **Molle (0-2).** Si dice di un vino in cui si percepisce una netta sensazione di "fiacchezza", dovuta ad una minima presenza di tannini. Normalmente si tratta di vini vecchi o affetti da alterazioni.

Assovini.it

- **Poco tannico (2-4).** Si dice di un vino in cui si percepisce una leggerissima sensazione astringente. Normalmente si tratta di vini rossi poco strutturati, oppure invecchiati e che quindi contengono i cosiddetti "tannini nobili".

- **Abbastanza tannico (4-6).** Si dice di un vino in cui si percepisce una sufficiente e gradevole sensazione di astringenza. Normalmente si tratta di vini rossi di media e grande struttura, che hanno già subito un buon affinamento.

- **Tannico (6-8).** Si dice di un vino in cui si percepisce una netta sensazione di astringenza. Normalmente si tratta di vini rossi giovani oppure di vini per i quali si prevede ulteriore affinamento.

- **Astringente (8-10).** Si dice di un vino in cui si percepisce una forte e predominante sensazione di rugosità e secchezza. Normalmente si tratta di vini con un elevato contenuto di tannini, tale da rappresentare una situazione anomala.

SAPIDITA'

La sapidità è una sensazione gustativa dovuta alla presenza di minerali, anioni e cationi del vino. Viene percepita come una sensazione di salinità più o meno accentuata nelle zone laterali e dorsali della lingua, anche in funzione della quantità e della tipologia degli acidi presenti.

In base alla sapidità un vino può essere definito:

- **Scipito (0-2).** Si dice di un vino in cui non si percepisce alcuna sensazione minerale. Normalmente si tratta di vini non ben lavorati o talmente vecchi da risultare privi di sapore.

- **Poco sapido (2-4).** Si dice di un vino in cui si percepisce una scarsa sensazione minerale. Normalmente si tratta di vini con bassa percentuale di sostanze estrattive e minerali o nei quali la sapidità è mascherata dall'acidità.

- **Abbastanza sapido (4-6).** Si dice di un vino in cui si percepisce una piacevole sensazione minerale. Normalmente si tratta di vini con una adeguata percentuale di sostanze estrattive e minerali.

- **Sapido (6-8).** Si dice di un vino in cui si percepisce una leggerissima e piacevole sensazione minerale. Normalmente si tratta di vini strutturati o nei quali viene a mancare l'azione coprente degli acidi.

- **Salato (8-10).** Si dice di un vino in cui si percepisce una predominante sensazione salino-minerale. Normalmente si tratta di vini particolari,

Assovini.it

ottenuti da uve provenienti da zone salmastre.

STRUTTURA O CORPO DEL VINO

La struttura o corpo del vino è la caratteristica che dipende dalla quantità di estratto secco presente, cioè di tutte le sostanze non volatili. E' maggiore per i vini rossi, soprattutto complessi e da invecchiamento, rispetto ai rosati e ai bianchi.

In base alla struttura o corpo un vino può essere definito:

- **Magro (0-2).** Si dice di un vino in cui la struttura è anomala o insufficiente. Normalmente si tratta di vini non ben lavorati o ottenuti da uve non sane.

- **Debole (2-4).** Si dice di un vino in cui si riscontra una modesta struttura dovuta a scarsa quantità di elementi gustativi. Normalmente si tratta di vini che devono essere bevuti giovani.

- **Di corpo (4-6).** Si dice di un vino in cui si riscontra una buona ed equilibrata struttura. Normalmente si tratta di vini ottenuti da uve perfettamente mature.

- **Robusto (6-8).** Si dice di un vino in cui si riscontra una decisa ed equilibrata struttura dovuta a ricchezza di elementi gustativi. Normalmente si tratta di grandi vini o di vini ottenuti da particolari lavorazioni (appassimenti, sviluppo sulle uve di muffe nobili).

- **Pesante (8-10).** Si dice di un vino in cui si riscontra una eccessiva e sproporzionata struttura che causa stanchezza gustativa. Normalmente si tratta di vini non ben lavorati o immaturi che devono essere sottoposti a lungo invecchiamento.

METODO AIS DI ABBINAMENTO CIBO-VINO

1. PRINCIPIO DELLA CONTRAPPOSIZIONE

La sapidità, la tendenza amarognola e la tendenza acida, possono essere considerate sensazioni di durezza, la percezione delle quali tende a presentarsi con note di "aggressività" più o meno accentuate.
Il vino in abbinamento deve avere caratteristiche opposte di morbidezza, in grado di attenuare e smorzare tali sensazioni.
Se il vino scelto in abbinamento presentasse caratteristiche di acidità/sapidità o un'accentuata nota amarognola, si verrebbe a determinare uno sgradevole rafforzamento delle sensazioni percepite nel cibo con il conseguente risultato di un abbinamento assolutamente poco armonico.

L'untuosità una sensazione tattile che viene percepita con un senso di scivolosità in tutta la cavità orale, a causa della formazione di una specie di pellicola fluida determinata in particolare dagli oli.
Il vino dovrà avere caratteristiche tali da contrapporsi a questa sensazione e quindi dovrà presentare una buona tannicità. I
tannini sono in grado di determinare una certa ruvidità in bocca, grazie alla loro azione di blocco della salivazione.
Se la preparazione si presenta anche strutturata, magari ottenuta con carni rosse sottoposte a lunghe cotture ci si orienterà verso vini rossi di corpo, più o meno invecchiati e più o meno tannici a seconda del
livello di untuosità percepito.

La succulenza è una sensazione tattile avvertita in seguito alla presenza di liquidi o succhi presenti nella cavità orale.
Il vino in abbinamento deve presentare caratteristiche che tendano a disidratare, ad asciugare il liquido presente. Gli alcoli vino e soprattutto l'alcol etilico, sono i componenti che manifestano maggiormente questa proprietà disidratante.
Non è sempre necessario abbinare un vino con elevata gradazione alcolica se il cibo è dotato di una succulenza percettibile, a patto che il vino abbia una discreta tannicità.
La tendenza dolce è una sensazione di morbidezza del cibo, che viene percepita in modo piacevole e alla quale devono far riscontro, sempre secondo il principio della contrapposizione, caratteristiche di acidità, quindi di freschezza, ed eventuale sapidità o effervescenza del vino proposto in abbinamento.
La sensazione di tendenza dolce del cibo viene percepita come una gradevole rotondità in bocca e quindi richiede una sensazione di durezza del vino, in grado di determinare salivazione o leggera pungenza, che contrasti la vellutata morbidezza di questa sensazione.

La grassezza è una sensazione tattile percepita come sensazione gustativa ma a livello di tutta la mucosa orale e viene avvertita come una specie di patinosità in bocca, soprattutto sulla lingua. Gli alimenti/preparazioni caratterizzati da grassezza

procurano spesso sensazioni di morbidezza che vengono percepiti come una leggera tendenza dolce, e quindi il vino in abbinamento dovrà presentare caratteristiche di durezza, quali l'acidità, ed eventualmente la sapidità e l'effervescenza.

L'acidità/sapidità del vino causano un effetto di salivazione e quindi tendono ad "emulsionare" parzialmente i grassi, determinando "diluizione" degli stessi.

Anche l'effervescenza, con la sua caratteristica di "pungenza" presenta una certa proprietà "sgrassante", in grado di ripulire la superficie della lingua e di tutta la cavità orale.

L'effervescenza e l'acidità mostrano un'azione sinergica, poichè la presenza di anidride carbonica accentua la sensazione di freschezza data dal vino, mentre tra acidità e sapidità si può presentare un'azione mascherante o sinergica a seconda dei casi.

2. PRINCIPIO DELLA CONCORDANZA

La sensazione di dolcezza è presente nelle preparazioni dolciarie e quindi nella maggior parte dei dessert.

In questo caso il principio della contrapposizione non può essere applicato, poiché questa sensazione richiede che anche il vino abbia adeguate caratteristiche di dolcezza.

Nel caso di preparazioni dolciarie bisogna anche sottolineare come la scelta del vino in abbinamento sia condizionata non solo dal livello di percettibilità della sensazione di dolcezza, ma anche dalla struttura del dolce, dalla sua consistenza, dalla diversa presenza di sostanze grasse, di frutta fresca, secca o di spezie.

L'aromaticità e la speziatura, che a volte caratterizzano in modo determinante una preparazione, sono sensazioni che vengono percepite a livello gustativo ma, a volte, soprattutto a livello gusto-olfattivo.

E' quindi opportuno che il vino in abbinamento sia dotato di buona intensità olfattiva, affinché i profumi che si liberano dal piatto e dal bicchiere possano essere reciprocamente valorizzati, senza che si manifesti una netta prevalenza degli uni sugli altri.

La valutazione della persistenza gusto olfattiva di una preparazione, richiede un'adeguata persistenza gusto olfattiva del vino (P.A.I.) per evitare che, non appena deglutito il boccone di cibo e il sorso di vino, non rimangano in bocca solo le sensazioni dell'uno e dell'altro ma, al contrario, si possano percepire in modo "proporzionale".

La struttura del cibo è data dalla varietà, complessità e ricchezza degli ingredienti impiegati nella preparazione. A preparazioni strutturate e complesse si devono abbinare vini dotati di buon corpo, ricchi di componenti che vadano ad equilibrare quelli presenti nel piatto, ottenendo così un abbinamento armonico.

ESEMPI DI ABBINAMENTO CIBO-VINO PER CONTRAPPOSIZIONE

Pietanza: Riso e Luganega
Ingredienti: Salsiccia Luganega, brodo sgrassato, grana padano, burro.
Analisi sensoriale: Riso e Luganega, è una preparazione gastronomica caratterizzata da note aromatiche abbastanza percettibili, media succulenza, discreta grassezza, leggera untuosità, buon sapore, tendenzialmente dolce e di media struttura.
In abbinamento è preferibile un vino rosso secco, intenso di profumi, caldo di alcol, mediamente morbido, abbastanza fresco d'acidità, poco tannico, sapido, di corpo.
Vini abbinabili: Piave Merlot (Veneto), Colli di Parma Rosso (Emilia Romagna), Teroldego Rotaliano (Trentino Alto Adige).

Pietanza: Carpaccio di Vitellone con tartufo e parmigiano
Ingredienti: filetto di Vitellone Bianco dell'Appennino Centrale, tartufo bianco, limone spremuto, parmigiano reggiano tagliato a scaglie, sale e pepe.
Analisi sensoriale: Piatto tipico dell'Italia centrale con gradevoli ed intensi profumi, mediamente succulento, con leggera untuosità, piacevolmente saporito, poco percettibile il grasso, di buona persistenza gusto-olfattiva.
In abbinamento è consigliato un vino rosso di medio affinamento, secco, con sensazioni olfattive intense, che ricordano i frutti rossi, caldo e mediamente morbido, poco tannico, di corpo e con buona persistenza aromatica intensa (P.A.I.).
Vini abbinabili: Colli Bolognesi Merlot (Emilia Romagna), Torgiano Rosso (Umbria), Rosso Conero (Marche).

Pietanza: Pennette al Piacintinu
Ingredienti: pomodori di Pachino, pennette rigate, aglio, cipolla, olio extra vergine di oliva, olive nere snocciolate, burro e Piacentinu Ennese (formaggio).
Analisi sensoriale: Piatto caratterizzato da persistente aromaticità, buon sapore, leggera tendenza amara, di media grassezza e percettibile succulenza.
In abbinamento è preferibile un vino bianco di corpo con profumi intensi, complessi e sentori fruttati e floreali, abbastanza morbido e altrettanto fresco, sapido e con una lunga persistenza gusto-olfattiva.
Vini abbinabili: Contea di Sclafani (Sicilia), Alghero Torbato (Sardegna), San Vito di Luzzi Bianco (Calabria).

Pietanza: Abbacchio Romano ai funghi.
Ingredienti per 4 porzioni: Abbacchio Romano, funghi prugnoli, aglio, prezzemolo, cerfoglio, sale, pepe, olio e vino bianco.
Analisi sensoriale: Aromaticità, succulenza, sapore, tendenza dolce e grassezza, caratterizzano le percettibili sensazioni gusto-olfattive di questa preparazione, di notevole struttura.
In abbinameno è preferibile un vino rosso, di buon corpo, secco, abbastanza fresco d'acidità, caldo di alcol, mediamente morbido e con un bouquet intenso e persistente. **Vini abbinabili:** Cerveteri Rosso (Lazio), Morellino di Scansano (Toscana), Falerno del Massico Primitivo (Campania).

ESEMPI DI ABBINAMENTO CIBO-VINO PER CONCORDANZA

Pietanza (Dolce) Bussolano di Soresina
Ingredienti: ciambella a base di farina, burro e uova.
Analisi sensoriale: il Bussolano è un dolce con sensazioni olfattive intense, aromatico e dal sapore dolce, di media succulenza e leggermente grasso.
In abbinamento è preferibile un vino bianco dolce o passito, con altrettanto zucchero residuo o anche un po' di più, di corpo, con sensazioni olfattive intense e complesse, che ricordano la frutta e fiori gialli, caldo e morbido.
Vini abbinabili: Moscato Passito dell'Oltrepò Pavese (Lombardia), Erbaluce di Caluso Passito (Piemonte), Colli Euganei Fior d'Arancio (Veneto).

Pietanza (Dolce): Panettone di Milano
Ingredienti: pasta lievitata molto soffice, uova, burro, uvetta, cedro e scorza d'arancia canditi.
Analisi sensoriale: Il Panettone regala gradevoli percezioni olfattive aromatiche e al gusto tanta dolcezza, dove prevale l'uva sultanina, più o meno presente la grassezza, di discreta succulenza.
Dato il clima festoso natalizio, in abbinamento sono preferibili le bollicine, frizzanti o spumanti, con un bouquet ricco di profumi fruttati, floreali ed erbacei; amabili o dolci, freschi d'acidità, abbastanza morbidi.
Vini abbinabili: Moscato di Scanzo (Lombardia), Moscato d'Asti (Piemonte), Colli Piacentini Malvasia Spumante Dolce (Emilia Romagna).

Pietanza (Dessert): Pastiera napoletana
Ingredienti: pasta frolla, ricotta di pecora, grano cotto, zucchero, limone, cedro, arancia e zucca candita, latte, burro, uova, vaniglia, acqua di fiori d'arancio, cannella.
Analisi sensoriale: La Pastiera offre gradevoli percezioni olfattive aromatiche; al gusto regala tanta dolcezza, percettibile anche la grassezza, la succulenza e la lunga persistenza gusto-olfattiva.
In abbinamento è preferibile un vino passito o moscato con un bouquet ricco di aromaticità e profumi fruttati, floreali e mielati; caldi, morbidi, di buona freschezza e sapidi.
Vini abbinabili: Costa d'Amalfi Bianco Passito (Campania), Greco di Bianco Passito (Calabria), Moscato di Trani (Puglia).

© Copyright

Assovini.it